AF394122

MASLOW'UN İHTIYAÇLAR HIYERARŞISI

İnsanları nasıl motive edeceğiniz konusunda önemli bilgiler edinin

MASLOW'UN İHTIYAÇLAR HIYERARŞISI

İnsanları nasıl motive edeceğiniz konusunda önemli bilgiler edinin

tarafından yazılmıştır Pierre Pichère
tarafından çevrildi Baris Şahin

MASLOW'UN İHTİYAÇLAR HİYERARŞİSİ

ANAHTAR BİLGİLER

- **İsim:** Maslow'un İhtiyaçlar Hiyerarşisi, Maslow'un İhtiyaçlar Piramidi.

- **Kullanım alanları:** psikoloji ve sosyal bilimler (bireysel ihtiyaçları kategorize etmek ve önceliklendirmek için), pazarlama ve yönetim.

- **Neden başarılıdır?** Hem fizyolojik hem de ruhsal yönleri içeren ihtiyaçların dinamik bir görsel temsilidir.

- **Anahtar kelimeler:** psikoloji, ihtiyaçlar, Maslow, piramit.

GİRİŞ

Ekonomi bilimi, sınırlı kaynakların bireylerin sonsuz ihtiyaçları, motivasyonları ve beklentilerine göre tahsis edilmesidir. Peki ama ihtiyaçları nasıl tanımlarsınız? Amerikalı psikolog Abraham Harold Maslow (1908-1970) tarafından geliştirilen bu piramit işte bunu yapmaya çalışıyor.

Tarih

1940'lardan itibaren Maslow, Carl Rogers (psikolog, 1902-1987) ile birlikte hümanistik psikolojiye yeni bir yaklaşım getirmiştir. Maslow çalışmalarında insan ihtiyaçlarının yapısını incelemiştir. Okuyucuları ve destekçileri daha sonra onun tezlerini bir piramit şeklinde resmileştirdiler.

Beş ihtiyaç seviyesi vardır:

- fizyolojik ihtiyaçlar

- güvenlik ihtiyaçlari

- tanınma ihtiyacı

- saygınlık ihtiyacı

- kendini gerçekleştirme ihtiyacı.

Bu kategorilerin her biri insan faaliyetlerine karşılık gelmektedir. Bu model ekonomide ve kurumsal dünyada, özellikle pazarlama ve yönetimde yaygın olarak kullanılmaktadır. Bu çalışmanın sonunda gıda sektöründen bir örnekle ekonomi sektörünün modeli nasıl kullandığını göreceğiz.

Modelin tanımı

Maslow'un piramidi olarak da adlandırılan ihtiyaçlar piramidi, en temel işlevlerden (yemek yemek, uyumak, vb.) daha tatmin edici olanlara (kendini geliştirmek, sanat veya spor yapmak, vb.) kadar insanların ihtiyaçlarını tanımlamak için bir model sunar. Maslow bir

psikologdu, ancak bir piramitle özetlediği modeli eko-
nomi ve iş dünyasında kullanıldı. Birbirini izleyen aşa-
malar olarak değil, bir bütün olarak ele alındıkları
sürece, farklı ihtiyaçları tanımlamanın basit ve etkili bir
yolunu sunar.

- 6 -

TEORİ

Mikroekonomi doğal olarak piyasa mübadelesine yol açan koşullarla ilgilidir. Maslow'un piramidi bu sonuçların önünde, tam da talebin kaynağında konumlanır: ihtiyaçlar.

BEŞ İHTİYAÇ DÜZEYİ

Maslow, çeşitli insan ihtiyaçlarını seviye seviye bir araya getirir. Doğrudan bir piramit formundan değil, bir önem hiyerarşisinden bahseder: bir aile tatmin edilir edilmez, diğer ihtiyaçlar hemen ortaya çıkar. Maslow'un ihtiyaçlar hiyerarşisi, kişisel gelişim de dahil olmak üzere birçok alanı kapsadığından, kavramın özünü anlamak için yazarın kendi kullandığı terimleri kullanmak faydalı olacaktır.

- İlk seviye **fizyolojik ihtiyaçlardır**. Yemek, içmek, uyumak, nefes almak vs. bunların hepsi bireyin hayatta kalmasıyla ilgili işlevlerdir. Bunlar temel, yaşamsal ihtiyaçlar olduğu için açık bir şekilde en önemlileridir: güvenlik, saygınlık vb. ihtiyaçları kesinlikle aşarlar.

- Sırada, **güvenlik ihtiyaçları var**. Aklınıza hemen fiziksel bütünlük gelebilir, ancak bu kategori bununla sınırlı değildir - hırsızlığa ve hasara karşı korunma da bu kategoriye girer. Maslow, güvenlik ihtiyaçlarının insanları bilinmeyenden ziyade tanıdık olanı tercih etmeye yönlendirdiğini belirtmektedir.

- Bu iki tür ihtiyaç karşılandığında, sevgi, şefkat veya sosyal ilişkilerle ilgili olanlar (**ait olma ihtiyacı**) ortaya çıkar. Bu üçüncü kategori insanın sosyal doğasını dikkate alır.

- Bu da piramidin dördüncü seviyesi olan **saygınlık veya tanınma ihtiyacına** yol açar. Bu kategori bizi toplumda tanımlayan statü, istihdam, güç ve para ile ilgili ihtiyaçları ifade eder.

- Son olarak, piramidin en tepesinde **kişisel başarı ihtiyacı** yer alır. Alt seviyelerdeki ihtiyaçlar başkalarının algılarına bağlıyken, piramidin tepesindeki ihtiyaçlar bireyin kişiliğinin gelişimiyle ilgilidir. Maslow'a göre bu ihtiyaçlar, kişinin bireysel arzularıyla eşleştiği sürece herhangi bir biçimde olabilir. Başka bir deyişle, örneğin doktor olmak istiyorsam, insan vücudunun nasıl çalıştığını bilme ihtiyacı gibi doktor olmakla ilgili bir ihtiyaç kendiliğinden ortaya çıkar.

Maslow'un teorisinde, bir sonraki seviyeye geçmeden önce her seviyedeki ihtiyaçları karşılamanız gerekir. Yiyecek hiçbir şeyi olmayan biri eşyalarının güvenliğinden endişe eder mi? Bir grup yağmacı tarafından saldırıya uğrayan biri sosyal bağlantılarını önemser mi? Bir sosyal gruba dahil olmadan başkaları tarafından takdir edilmenin ne faydası var? Ve özsaygısı olmayan biri kendini ne kadar başarılı hissedebilir? Dolayısıyla bu katı bir hiyerarşik sunum değil, dinamik bir modeldir.

Maslow, bireylerin her zaman iyi bir yaşam kalitesi aradığını varsayarak bireysel gelişimi bir perspektife oturtmaktadır. Gerçekte, ihtiyaçlar herkes için aynı değildir ve zaman içinde de değişiklik gösterirler. Ayrıca, kişilere ve koşullara göre değişen önemde başka ihtiyaç türleri de ortaya çıkabilir ve piramitte temsil edilenlerle birlikte var olabilir.

İHTİYAÇLAR: EKONOMİDEN PAZARLAMAYA

Sosyal ilişkiler ve insanlarla ilgili birçok ihtiyaçla karşılaştırıldığında, mevcut mallara duyulan ihtiyaç çok sınırlı görünmektedir. Ancak ekonomik mantık, malların kendilerine öncelik vermeksizin, ihtiyaçtan ziyade fayda ile - yani bir ürünün ilave bir biriminin tüketici için işlevi ile - ilgilenmektedir.

İhtiyaç analizi daha çok pazarlama ve yönetim ile ilgilidir. İhtiyaçlar çoğunlukla şirket ve şirketin pazar konumlandırması düzeyinde incelenmektedir. Psikologlar, varoluşsal ve temel ihtiyaçların nispeten sınırlı olduğu konusunda hemfikirdir, ancak tüketici tarafından ürüne yönelik – eksiklik veya arzu olarak görülen – bir ihtiyaç her zaman vardır.

Pazarlamacılar bunun farkındadır ve sürekli olarak Maslow'un ünlü piramidine atıfta bulunurlar. Bir ürün ya da hizmeti piramidin içine yerleştirmek, bazen çok çeşitli lansman stratejileri düşünmemize ve geliştirmemize yol açar. Örneğin, temel bir ürünü yüksek teknolojinin bir parçası olarak pazarlamayız. Bir ürün ya da hizmetin farklı düzeylerdeki ihtiyaçları karşılaması da mümkündür; bu durumda mesajı hedef tüketicilere göre uyarlamak gerekir.

SINIRLAMALAR VE GENİŞLETMELER

SINIRLAMALAR VE ELEŞTİRİLER

Sosyal bilimlerdeki tüm klasik teoriler gibi ihtiyaçlar piramidi de eleştirel yorumlara konu olmuştur. Bazıları çelişkili olsa da modelin çeşitli zayıf yönleri vurgulanmıştır:

- **İhtiyaçlar hiyerarşisinde nüans eksikliği.** Bazı doğal işlevler diğerlerinden daha önemlidir. Birkaç gün boyunca yemek yemeden durabilirsiniz, ancak nefes almayı yalnızca birkaç dakikalığına durdurabilirsiniz.

- **Şüpheli hiyerarşi.** İnsanların sosyal varlıklar olduğu gerçeğini dikkate almaz. Yemek yeme ihtiyacı gerçekten insan ilişkilerini sürdürmenin veya kişisel gelişimin üzerinde tutulabilir mi? Yemek olmadan insan hayatta kalamaz. Başkalarıyla yeterli etkileşim olmadan kişinin ruhsal durumu bozulur, deliliğe ve hatta intihara sürüklenir.

- **Modelin etnosentrizmi.** Tüm çalışmalar Batılı popülasyonlar üzerinde yürütülmüştür ve bu da yalnızca zengin, gelişmiş medeniyetler için geçerli olan bir yaklaşımla sonuçlanmıştır.

Bu son nokta haricinde, hiyerarşinin eksikliği veya fazlalığıyla bağlantılı eleştiriler aslında teorinin kendisinden çok Maslow'un teorisi için geliştirilen kullanımlara atıfta bulunmaktadır. Aslında piramit formu Maslow'un çalışmalarında yer almaz ve onun çeşitli ihtiyaçlar arasında öngördüğü dinamik hareketi gizler.

Kamu hizmetlerinde marjinal kullanım

Maslow'un piramidinin ekonomide kullanımı oldukça sınırlı kalmaktadır. İhtiyaç seviyesine bağlı olarak fiyatların tanımını analiz etmek imkansızdır. Uygulama, Maslow'un piramidindeki seviyesinden ziyade bir malın marjinal faydası ([19.] yüzyılda ekonomistler Léon Walras (1834-1910), William Stanley Jevons (1835-1882) ve Carl Menger (1840-1921) tarafından gösterildiği gibi), yani ek bir birimin sağladığı tatmin ile ilgilidir.

Maslow'un piramidinin ekonomik aktörlerin tüm ihtiyaç ve arzularının bir sınıflandırması değil, beş aşamalı bir insani tatmin modeli olduğunu unutmayın. Bu şekilde incelendiğinde, bu piramit kamu aktörlerinin ekonomiye müdahaleleri için bir destek görevi görebilir: gıda üretiminin düzenlenmesi ve hava kalitesinin korunması (fizyolojik ihtiyaçlar), kanun ve düzenin uygulanması (güvenlik ihtiyaçları), özellikle okulda çocukların sosyalleşmesinin sağlanması (sevgi ve aidiyet), vb. Piramidin en üst iki seviyesine yönelik bir yanıt düşünmek daha zordur. Kamu yayıncılığı, yüksek eğitim ve kültüre yatırım belki de kendini gerçekleştirme ve başkaları tarafından tanınma ihtiyaçlarına kolektif yanıtlar olarak anlaşılabilir.

İLGİLİ MODELLER VE UZANTILAR

Henderson'ın ihtiyaçlar teorisi

Virginia Henderson (Amerikalı hemşire, 1897-1996) tarafından geliştirilen ve bir ızgarada sunulan 14 ihtiyacı tanımlayan model de dahil olmak üzere başka modeller de önerilmiştir. Bu model tıp dünyasında yaygın olarak kullanılmaktadır. Bununla birlikte, bu modelin ek katkısı açık değildir. Tanımlanan tüm kategoriler Maslow'un piramidindeki beş ana kategoriye girmektedir. Ayrıca bu modelin sınırları hemen ortaya çıkıyorsa, bu yeni sınıflandırmayı haklı çıkarmak zordur.

ERG teorisi

1969 yılında Amerikalı psikolog Clayton Alderfer (1940 doğumlu), aslında Maslow'un piramidinin daha kısa bir versiyonu olan ERG teorisini (Varoluş, İlişki ve Büyüme) sundu. ERG teorisi beş seviye yerine üç seviye tanımlar: varoluş ihtiyaçları (yiyecek, giyecek, güvenlik, vb.), ilişki ihtiyaçları (diğer bireylerle bağlantılı olma) ve büyüme ihtiyaçları (gelişim, yaratıcılık, yaşam duygusu, öz saygı vb.). Alderfer, Maslow'un kategorilerini yeniden şekillendirmek için yola çıkmamıştır. Ona göre, bir birey piramidin seviyelerini tırmanarak bu ihtiyaçları birbiri ardına değil, eş zamanlı olarak karşılamalıdır. Büyüme ihtiyaçları karşılanmazsa, bu durum sosyal davranışları ve uyku ve yemek yeme gibi temel işlevleri etkileyecektir. Psikoloğa göre ihtiyaçların dinamiği Maslow'un modelindekinden daha kapsamlıdır. Onun modeli özellikle yönetim ve çalışma psikolojisi alanlarında başarılı olmuştur.

PRATİK UYGULAMA

Gördüğümüz gibi, Maslow'un piramidi en somut ekonomik uygulamasını pazarlamada bulmuştur. Pazarlama kavramı tüketici davranışlarını anlama ve öngörmeye dayandığından, psikolojiden giderek daha fazla modelin pazarlama amacıyla kullanılması şaşırtıcı değildir.

ÜRÜNLER VE İHTİYAÇLAR

Her bir ürün veya hizmetin piramidin bir seviyesinde kategorize edilmesine bağlı kalmak yerine, hangi operasyonun en fazla ihtiyacı karşılayabileceğine bakmak daha iyidir.

Bir ürün, bir ihtiyaç

En temel uygulama, pazarlamak istediğiniz ürün veya hizmetin piramidin hangi seviyesinde yer aldığını belirlemektir: gıda ve temel hijyen en alt seviyeye, kültürel ürünler ise en üst seviyeye aittir. Bu sınıflandırma son derece ilkel görünse de mantıklıdır. Süpermarket raflarının organizasyonu bunu göstermektedir, çünkü ürünler türlerine ve kullanımlarına göre kategorize edilmiştir.

En temel ürünler genellikle bu sürecin bir parçasıdır. Bu durum özellikle temel gıdalar için geçerlidir. Makarna veya patates paketleri piramidin yalnızca ilk seviyesini kapsar: beslemek için tasarlanmışlardır. Ancak bu strateji nadiren tek başına yeterli olur. Maslow'un piramidinin dinamik olduğunu ve iyi bir ürün veya hizmet lansmanının maksimum sayıda ihtiyacı karşılaması gerektiğini unutmayın.

Piramit ile pazarlama

Tüketiciler için bir teklif geliştirmek, piramidin tüm seviyelerini hedeflemekle ilgilidir.

Bu teoriyi tam olarak anlamak için, ihtiyaçları çağdaş bağlamlarında tanımlamanız gerekir. Maslow'un zamanında ([20.] yüzyıl) var olmayan yeni işlevler toplumda ortaya çıkmıştır. Örneğin, 1950'lerde bir kişi evini taşıdığında, bugünkü kadar hızlı ya da uzağa gidemezdi: aileler birbirine daha yakındı ve evleri genellikle iş yerlerinin yanındaydı. Boş zamanları değerlendirme amaçlarının yanı sıra, seyahat etme ihtiyacı fizyolojik bir ihtiyaç olarak da düşünülebilir, zira bir kişinin işe giderek geçimini sağlamasına veya arkadaşlarını ve akrabaların ziyaret ederek duygusal ilişkilerini sürdürmesine olanak tanır.

Otomobil, piramit içinde gelişen bir stratejinin mükemmel bir örneğidir. En ucuz modeller temel özelliklerle sınırlıyken, daha pahalı modeller prestij ve konforu bir araya getirmektedir. Her durumda, bu tür bir ürün piramidin çeşitli seviyelerini içerir: fizyolojik seyahat ihtiyacı güvenilmez olduğu bilinen araçlardan kaçınma ihtiyacı arabaları belirli, tanınmış bir markadan olan sürücüler topluluğuna ait olma ve (en gelişmiş modeller için) pahalı, lüks bir mala sahip olmanın memnuniyeti.

Bu nedenle pazarlama, piramidin daha üst seviyelerini, esas olarak ilk seviye ihtiyaçları karşılıyor gibi görünen ürünlerle karşılamaya yönelik bir strateji oluşturmaya çalışır. Bu daha zor olsa da tam tersi bir işlev de sağlar. Bir ürün ya da hizmet öz saygı ya da kişilik gelişimine yönelik olduğunda, bir marka en fazla sayıda tüketiciyi ürünü satın almaya çekmek için satın almanın fizyolojik ve güvenlik yönlerine odaklanabilir ve bunları vurgulayabilir. Markalaşmanın ışıltılı güzellik (dördüncü ve beşinci seviyeler) ile kişisel bakım, cilt ve vücut bakımı arasında geçiş yaptığı kozmetik ürünlerini düşünün; bu da fizyolojik ve güvenlik ihtiyaçlarına atıfta bulunur.

Pazarlama ve sevgi ve aidiyet ihtiyacı

Peki ya piramidin üçüncü seviyesi? Sevgi ihtiyacını karşılayabilecek ürünler hayal etmek saçma görünüyor. Maslow bu kategoriye, piyasada tatmin edilmesi zor olan arkadaşlık veya sevgi bağlarını (her ne kadar arkadaşlık sitelerinin başarısı bu konuda aracılara yer olduğunu gösterse de) ve sosyal gruplara üyeliği koyar.

Pazarlama, uzun bir süredir tüketiciyi satın almaya teşvik etmek için bir ürünün prestijine oynamaktadır. [19.] yüzyılın sonlarından itibaren sosyolog ve ekonomist Thorstein Veblen (1857-1929) homo economicus modelinde bir önyargı tespit etmiştir.

Ek bilgi: Homo economicus

Ekonomik insan kavramı, Latince homo economicus, insanların teorik davranışlarını yansıtır. Bu soyut temsile dayanarak, farklı alanlardaki teorisyenler burada resmedilen insan ile geliştirdikleri kavramlar arasındaki potansiyel etkileşimleri düşünürler.

Elbette satın aldığımız şeyin faydasını maksimize ederiz, ancak taklit ve hatta züppelik de kararlarımızdan eksik değildir. Bu analiz, Fransız sosyolog Pierre Bourdieu (1930-2002) tarafından geliştirilen kavramın bir uzantısıdır: sosyal uygulamalarımız ve dolayısıyla satın alımlarımız, genellikle daha yüksek sosyal sınıfların uygulamalarını taklit ederek akranlarımızdan sıyrılma arzusuna yanıt verir. Bir tüketici bir ürün (araba, parfüm vb.) satın alarak sosyal tanınma ihtiyacını da tatmin edebilir.

Bu yeni bir trend olmamakla birlikte, özellikle sosyal ağlar başta olmak üzere bilgi ve iletişim teknolojileri tarafından desteklenen çoklu kimlikler ve topluluk bağları geliştirirken özel bir güce sahiptir. Bazı markalar, sadece ürüne sahip olmakla bağlantılı olan aidiyet duygusuyla mükemmel bir şekilde oynamaktadır. Apple'ın 1980'lerden bu yana nasıl bir kullanıcı topluluğu yarattığını düşünün: grafik tasarımcılar ve imaj profesyonellerinden oluşan bir mikrokozmosla başlayan ve pek çok kullanıcının kendisini üyesi olarak gördüğü bu topluluk, kitlesel pazar ve amiral gemisi ürünlerinin (iPhone, iPad, vb.) pazarlanması sayesinde katlanarak büyümüştür. Facebook, Twitter ve tüm sosyal ağlar da bu stratejiyi kullanıyor ve bu durumda iş modellerinin merkezinde yer alan aidiyet duygusunu, reklamla ilgili ücretsiz finansman avantajıyla geliştiriyorlar.

ÖRNEK OLAY İNCELEMESİ - GIDA ENDÜSTRİSİ

Son olarak, bir ekonomik sektöre daha ayrıntılı olarak bakalım: gıda endüstrisi. Bu sektör, piramidin tüm seviyelerini tatmin etmek ve daha yenilikçi ürünler geliştirmeye devam etmek için özellikle iyi tasarlanmıştır.

Beslemek için yiyecek

Elbette gıda endüstrisi fizyolojik bir ihtiyacı karşılamaktadır: yemek yeme ihtiyacı. Sadece tek bir ihtiyaca cevap veren bir sanayi sektörünün değerinin ne kadar sınırlı kaldığını vurgulamak dışında bu konu üzerinde durmaya gerek yok. Büyümek için değer zinciri, sadece açlığı gidermek dışında birçok farklı amacı da bünyesine katmıştır.

Koruma için gıda

Gıda endüstrisi de güvenlik üzerine inşa edilmiştir. Ürünlerin üretimini düzenleyen yönetmelikler nedeniyle endüstri, eski zanaatkâr üreticilere kıyasla daha fazla sertifikalı gıda sunmakla yükümlüdür (ancak bu argümanın gelişme döneminde geçerli olduğunu ancak artık zanaatkâr ürünlerinin de katı hijyen standartlarına tabi olduğunu belirtmek gerekir). Bir zamanlar evde konserve yapımı pek çok aileyi botulizm (ciddi sonuçları olan bir tür gıda zehirlenmesi) riskiyle karşı karşıya bırakırken, bu durum endüstriyel konserve yapımında bir tehlike oluşturmuyordu.

Bugün, üreticiler nutrasötikler olarak da bilinen 'fonksiyonel gıdalar' alanına yatırım yaptıklarından, ikinci bir güvenlik seviyesi daha eklenmiştir. Kolesterol düşürücü margarin, güçlendirilmiş süt (çocuklarda büyümeyi teşvik eder), sindirime yardımcı olan tahıllar veya bağışıklık sistemini güçlendiren maden suyu süpermarketlerde yerini almıştır. Bunların sağlık iddiaları da giderek daha sıkı bir şekilde denetlenmektedir.

Sosyalleşmek için yemek

Yemek, özellikle Batı dünyasında, kültürümüzün derinliklerine işlemiştir. Yemek bir şenlik kaynağı ve paylaşım zamanıdır. Endüstriyel tedarikçiler doğal olarak bu aidiyet ve sosyal bağ ihtiyacını karşılayan ürünler sunma fırsatını yakalamışlardır. İşte bu kategoriye giren üç örnek:

- Gelenekleri yeniden canlandırma ve tüketiciyi kendi ülkesinin mutfak kimliğine yaklaştırma iddiasında olan 'geleneksel' hazır yemekler;

- atıştırmalıklar veya tatlılar gibi şenlikli ve yenilikçi ürünler belirli bir miktar şenlik yaratır;

- Farklı hedef pazarlara yönelik farklı ürünleri olan büyük markalar, özellikle de çocukluk dönemini temel alan, nesilleri aşan ve gıdaların tadının onları tüketen herkes arasında ortak bir kimlik olmasına odaklanan, ebeveynler ve çocuklar arasında süreklilik yaratan ürünler (Nutella, Haribo, Kinder, Banania, vb.).

Süpermarketlerde helal, koşer ve Asya reyonlarının geliştirilmesi de gıdanın kimlik yönüyle örtüşmekte ve göçmen nüfusun gıda alımları yoluyla kendi kültürleriyle bağlarını sürdürmelerine yardımcı olmaktadır.

Değerleri ifade etmek için gıda

Yakın zamanda gıda endüstrisi, bu kez ekonomik anlamda olmasa da değerler konusunu ele aldı. Büyük perakende zincirlerinin aynı anda ortaya çıkması ve gıdanın sanayileşmesinin ardından cevaplanması gereken pek çok soru vardı. GDO'larla ilgili endişeler, 1990'lardaki deli dana hastalığı krizi ve ardından gelen Sığır Hormonu Anlaşmazlığı, obezite ve gıdalarımızdaki aşırı şekerle ilgili birbirini izleyen kampanyalar tüketicilerin daha fazla açıklama istemesine yol açtı. Çevre bilinci ve küreselleşmiş bir dünyada ayırt edici farklılıklar arayışı bu beklentiyi pekiştirmiştir.

İşte bu aidiyet ve değer ihtiyacı, gıda sektörüne yayılan etiketlerin, isimlerin ve diğer yönergelerin ortaya çıkmasına neden oldu. 'Organik tarım', 'adil ticaret' ve 'yöresel ürünler' raflarda sürekli gördüğümüz etiketler haline geldi. Bu etiketler, gıdanın kalitesi veya menşei hakkında bilgi vermenin yanı sıra üretim koşulları hakkında da bilgi sağlamaktadır. Bu alanlar çok geniş: yerel işçilere tazminat ödenmesi, böcek ilacı kullanılmaması, eski mutfak geleneklerine saygı gösterilmesi vb. Etiket kendi değerleriyle örtüştüğü sürece herkes tercih ettiği ürünleri seçmekte özgürdür.

Kişisel gelişim için gıda

Son olarak, gıda - ve dolayısıyla gıda endüstrisi - piramidin en üst seviyesini, yani kendini gerçekleştirme ve kişisel tatmini de yansıtmaktadır.

Harika vintage şaraplar, zanaatkar kahvesi, kaliteli çikolata veya nadir çaylar gibi üst düzey ürünler, tüketicileri basit bir açlık veya susuzluk giderme ihtiyacının ötesinde memnun eder. Gastronomi, bir sanat değilse bile, kesinlikle tüketicinin başarı ihtiyacını karşılayan bir mükemmellik zanaatidir. Bu kesinlikle büyük şefler veya fırıncılar tarafından somutlaştırılır, ancak gıda endüstrisinde de bir çıkışı vardır.

Tüketicilere tarifin bir kısmını kendilerinin üstlenebileceği basit bir imkan sunmak da başarı ihtiyacını karşılayabilir. Bu nedenle sektör, krep ya da kek yapımına yönelik kitler sunmakta ve ayrıca 'ev yapımı yemeklerin' pişirilmesine yardımcı olmak üzere önceden hazırlanmış birçok ürün sunarak tüketicilerin yemek yapımına yardımcı olmalarına ve dolayısıyla yaratıcılıklarını ifade etmelerine fırsat tanımaktadır.

ÖZET

- İhtiyaçlar piramidi, insan ihtiyaçlarını kategorize eden beş seviyeli bir model sunar.

- Bu dinamik model, insan gelişimi için gerekli olan beş sıralı adımı detaylandırmaktadır: fizyolojik ihtiyaçlar, güvenlik hissi, tanınma, öz saygı ve başarı.

- Amerikalı psikolog Abraham Maslow tarafından teorize edilen bu kavram, talebin somut gelişimi, yani müşteri arzusunun satın almaya dönüşmesi hakkında hiçbir şey söylemediği için ekonomide nadiren kullanılmıştır.

- Her ne kadar basitliği eleştirilse de, modelin güçlü bir noktası olmaya devam etmektedir. Piramit pazarlamada yaygın olarak kullanılmaktadır, çünkü bir ürün veya hizmeti piramitte konumlandırmak, mümkünse çeşitli seviyelerdeki ihtiyaçları karşılamaya çalışmak, ilgili bir strateji geliştirmeye yol açar.

DAHA FAZLA OKUMA

BİBLİYOGRAFYA

Bouchiki, H., Cerdin, J-L., Dornier, P-P., Esnault, B., Le Nagard-Assayag, E. ve Mottis, N. (2001) *Invitation au management.* Paris: Presses universitaires de France.

Fenouillet, F. (Tarih yok) Modèle hiérarchique des besoins. *La motivation, un concept puzzle.* [Çevrimiçi]. [Erişim tarihi: 5 Mayıs 2014]. Erişim adresi: < http://www.lesmotivations.net/spip.php?article40>

Jacquemin, A., Tulkens, H. ve Mercier, P. (2000) *Fondements d'économie politique.* [3rd baskı]. Brüksel: Boeck Üniversitesi.

Lambin, J.-J. ve Moerloose, C. (2012) *Marketing stratégique et opérationnel.* [8th baskı]. Paris: DUNOD.

Maslow, A. (2003) *Devenir le meilleur de soi-même : besoins fondamentaux, motivations et personnalité.* Paris: Eyrolles.

Mias, L. (Tarih yok) Maslow, Henderson, soins. *Papidoc.* [Çevrimiçi]. [Erişim tarihi: 5 Mayıs 2014]. Erişim adresi: < http://papidoc.chic-cm.fr/573MaslowBesoins.html>

Sizden haber almak istiyoruz!
Çevrimiçi kütüphaneniz hakkında yorum bırakın
ve favori kitaplarınızı sosyal medyada paylaşın!

Yayıncı, yayınlanan bilgilerin güvenilirliğini garanti eder,
ancak sorumluluğunu üstlenemez.

Ana ISBN: 97828086600477
Kağıt ISBN: 9782808601924
Yasal depozito: D/2022/12603/193

Dijital tasarım: Primento,
yayıncıların dijital ortağı.